PHILIPPE DE LA COTARDIÈRE

Un Soleil et neuf planètes

Illustrations de Daniel Hénon

MONDE EN **POCHE / NATHAN**
Collection dirigée par Daniel Sassier

La famille du Soleil 4

Premières observations – Une famille nombreuse – Comment sont nées les planètes ?

La plus belle étoile du ciel 14

Le dieu Soleil – Une étoile banale mais très proche – Le Soleil tel qu'on le voit – Quand le Soleil se couvre de taches – Un gigantesque réacteur nucléaire – Quand le Soleil s'éteindra...

La Terre et ses sœurs 28

La planète bleue – Un monde qui change – D'autres terres dans le ciel – Sur Mercure, le jour est plus long que l'année ! – Vénus, la fausse jumelle de la Terre – Un désert de pierres brûlantes – Mars, la planète rouge – En direct de Mars.

Des géantes lointaines 44

D'énormes boules d'hydrogène et d'hélium – L'énigme de la grande tache rouge de Jupiter – Autour de Saturne, un immense disque de glace – Uranus, Neptune et Pluton.

Le cortège des satellites 52

Un astre mort – D'où vient la Lune ? – Des lunes à foison – Autour de Jupiter, des satellites gros comme des planètes – Titan : une Terre mise au réfrigérateur.

Des milliers de petites planètes 60

De dangereux vagabonds – Chaque jour, la Terre grossit.

Les comètes, ces grandes voyageuses 64

De mauvais présages – Anatomie d'une comète – Rendez-vous avec la comète de Halley – Quatre messagers vers les étoiles.

En route pour les planètes 70

La Terre et ses compagnes

Dans l'immense univers, le système solaire, avec son étoile et ses neuf planètes, paraît tout petit. Pourtant, à notre échelle, il s'agit déjà d'un ensemble très vaste, où les distances se mesurent en dizaines, centaines, milliers de millions de kilomètres. Pensez que Pluton, la dernière planète, n'a été découverte qu'en 1930 !

Cela dit, en multipliant les observations, en envoyant des sondes spatiales explorer notre "banlieue céleste", nous connaissons de mieux en mieux ces astres les plus proches de nous. Les surprises ne manquent pas.

Autour d'une étoile, banale peut-être, d'une taille moyenne, mais facile à étudier, tournent des déserts de pierres brûlantes, de gigantesque boules de gaz, des univers glacés. Et ce grand ballet accueille aussi d'étranges satellites naturels, des milliers de petites planètes vagabondes, et les comètes, ces belles voyageuses...

Parmi tous ces mondes inhospitaliers, la Terre semble faire bande à part. Entourée de son atmosphère, à bonne distance du Soleil, elle abrite une vie riche, foisonnante. Vous le saviez, c'est entendu, mais la comparaison avec les autres planètes vous rendra la vôtre encore plus sympathique !

La famille du Soleil

La journée s'annonce magnifique à Venise, en ce matin du 21 août 1609. Près de la place Saint-Marc, tout en haut du campanile, s'affaire un petit groupe d'hommes richement vêtus. Il y a là, autour du savant Galileo Galilei – autrement dit Galilée –, les personnages les plus importants de la ville.

L'un après l'autre, ils regardent dans une sorte de long tube portant à ses deux extrémités des lentilles de verre. Tous restent stupéfaits de ce qu'ils voient : comme par enchantement, les objets paraissent beaucoup plus proches. Des détails, imperceptibles à l'œil nu, se distinguent très bien.

Ce nouvel instrument qui "rapproche" ainsi les objets, c'est une lunette. Une invention qui va bientôt bouleverser très profondément nos connaissances sur l'Univers.

Premières observations

En fait, cette première lunette de Galilée est encore rudimentaire : elle ne grossit que 6 fois. Mais, très vite, Galilée en construit d'autres, grossissant 15 fois, puis 20 fois, puis plus de 30 fois. Et, poussé par une irrésistible curiosité, le savant braque ces lunettes vers le ciel.

Surprise ! Il découvre une foule d'étoiles jusqu'ici inconnues. Il voit des cratères et des montagnes à la surface de la Lune. Il remarque aussi, pour la première fois, une différence fondamentale entre les planètes et les étoiles.

Les planètes ? Ainsi appelle-t-on depuis très longtemps des astres qui ressemblent à des étoiles mais qui, au fil des mois, se déplacent de façon irrégulière dans le ciel. Planète vient d'ailleurs d'un mot grec qui signifie "vagabond". Or, précisément, Galilée constate qu'étoiles et planètes, vues à la lunette, n'ont pas du tout le même aspect.

"Les étoiles n'ont pas de contours définis ; elles rayonnent, vibrent et scintillent...". Au contraire, note Galilée, "les planètes se présentent sous la forme de petits globes ronds, aux contours bien délimités". Et surtout, contrairement aux étoiles du fond du ciel, Galilée remarque que la Lune et les planètes "grossissent" quand on les regarde à la lunette. Il n'y a plus de doute ! Cela signifie qu'elles sont beaucoup plus proches de nous.

L'explication ? Elle a déjà été donnée par l'astronome polonais Copernic : les planètes sont des corps plus ou moins semblables à la Terre qui, comme elle, tournent autour du Soleil. Par ses observations, Galilée apporte la preuve que Copernic avait raison. Or, en ce temps-là, on pensait que c'était le Soleil qui tournait autour de la Terre.

POUR LES ANCIENS TOUS LES ASTRES TOURNAIENT AUTOUR DE LA TERRE

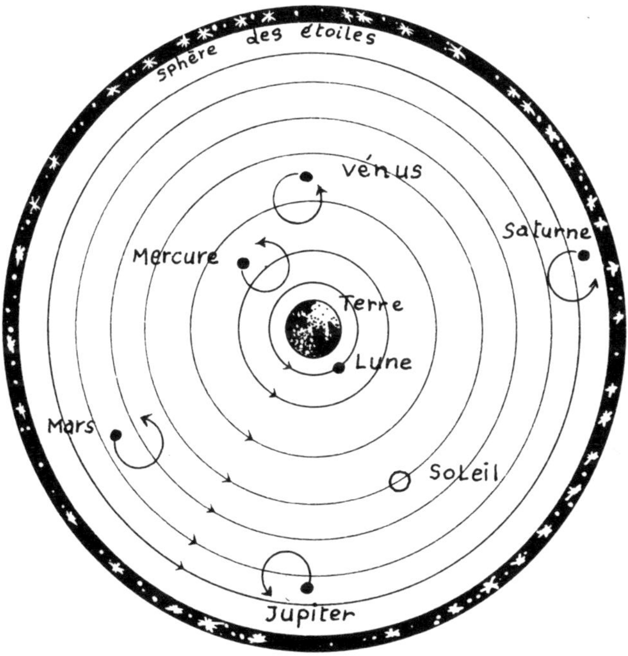

Une famille nombreuse

À présent, on connaît neuf planètes principales autour du Soleil. Ce sont, de la plus proche à la plus éloignée du Soleil : Mercure, Vénus, la Terre, Mars, Jupiter, Saturne, Uranus, Neptune et Pluton. La plupart sont entourées de *satellites,* qui les accompagnent dans leur ronde. La Terre n'a qu'un satellite naturel, la Lune, mais Mars en a deux, et Jupiter ou Saturne, beaucoup plus !

Mais la famille du Soleil compte aussi des milliers de petites planètes, découvertes depuis le XIXe siècle. La plupart ne sont que des rochers irréguliers.

Autour du Soleil circulent encore des astres bizarres, les comètes. Vous les découvrirez à la fin de ce livre et comprendrez pourquoi nous les voyons grâce à l'immense queue lumineuse qu'elles traînent dans l'espace.

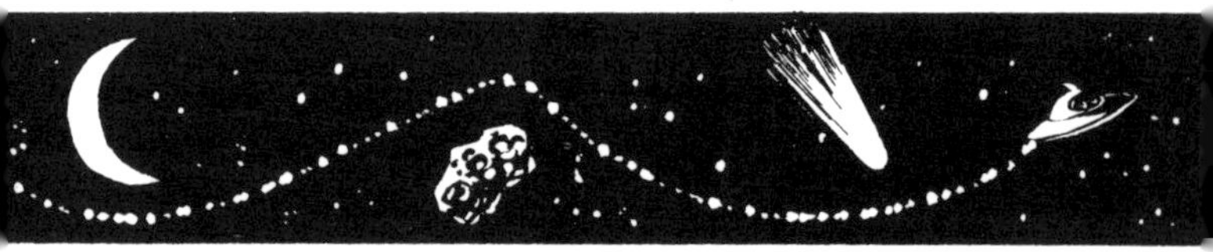

Par son attraction, le Soleil maintient les planètes sur leur route et règle leur vitesse. Toutes tournent autour du Soleil dans le même sens, mais chacune a sa vitesse particulière : plus une planète est proche du Soleil, plus elle va vite.

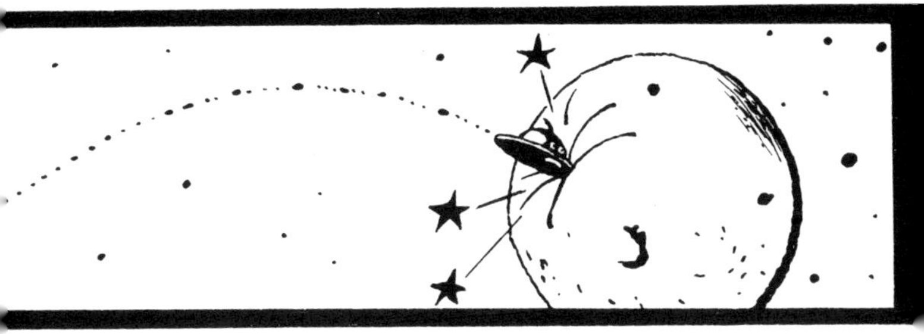

QU'EST-CE QUE L'ATTRACTION ?

Dans l'Univers, tous les corps s'attirent. Plus leur masse est importante, plus leur force d'attraction est grande. Ainsi, le Soleil et la Terre s'attirent, mais le premier, beaucoup plus lourd, l'emporte sur la seconde : voilà pourquoi la Terre ne peut échapper au Soleil et tourne autour de lui.

Les astres et le Soleil dont ils dépendent forment le "système solaire". Celui-ci, dans l'immense Univers, apparaît tout petit et terriblement isolé. Pour tenter de saisir cette réalité, imaginez que vous représentez le Soleil avec une orange. Eh bien, pour représenter Pluton à la même échelle, il faudra que vous alliez déposez une tête d'épingle à 400 mètres de l'orange ! Et l'étoile la plus proche, vous irez la placer à 3 000 km de là !

Vous comprenez pourquoi le Soleil est si important pour les planètes : il est leur seule source de chaleur et de lumière.

SYSTÈME SOLAIRE

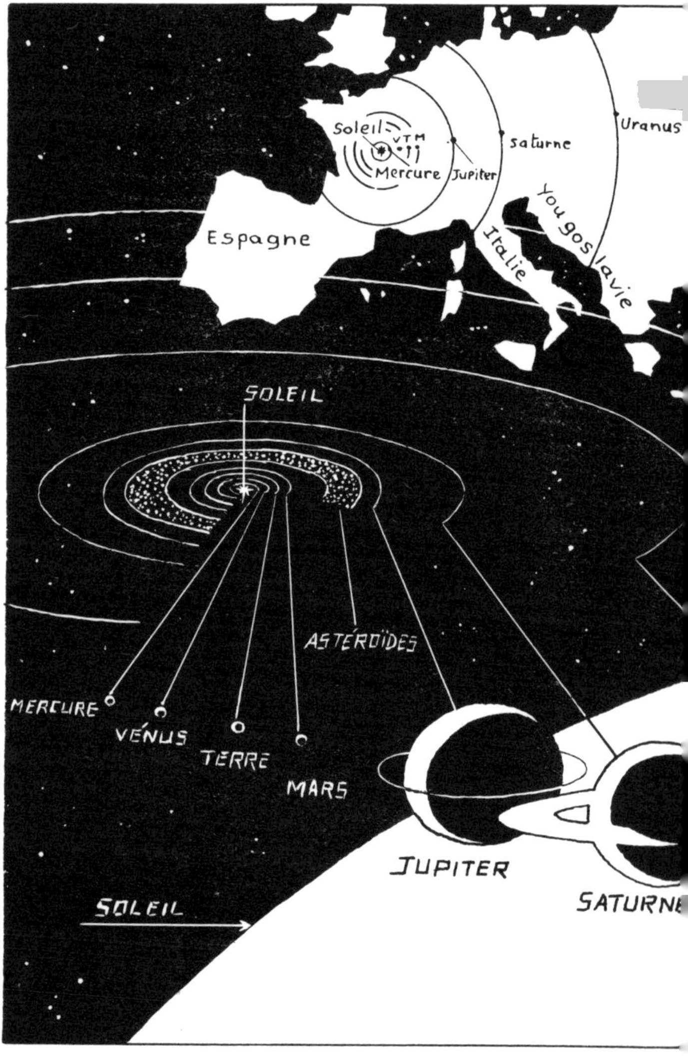

Neptune
Pluton
Ankara
SI LE SOLEIL À CETTE ÉCHELLE EST REPRÉSENTÉ PAR UNE BOULE DE 1 KM SITUÉE AU CENTRE DE LA FRANCE, MERCURE EST UN BALLON DE 4 M, JUPITER UNE BOULE DE 100 M.
L'ORBITE DE PLUTON PASSE AU NIVEAU D'ANKARA !...
URANUS
NEPTUNE
PLUTON

Comment sont nées les planètes ?

Elles se sont formées il y a environ 4 milliards 600 millions d'années. Le Soleil venait alors tout juste de naître, au cœur d'un énorme nuage de gaz

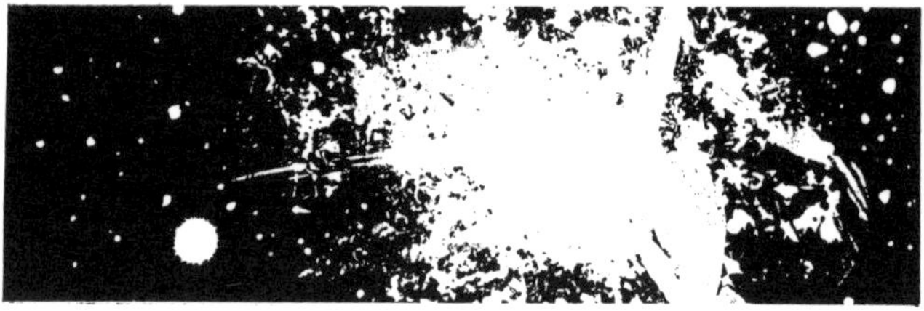

et de poussière, souvenir d'anciennes étoiles ayant explosé : on parle de *nébuleuse*.

Ce nuage, en tournant, s'aplatit peu à peu et prit la forme d'un disque. Dans ce disque, des poussières se rencontrèrent, se collèrent les unes aux autres... et formèrent de petites boules. Celles-ci se mirent à grossir, d'abord lentement, puis de plus en plus vite. En grossissant, en effet, elles devenaient capables de capturer davantage de poussières, à la manière des boules de neige.

Peu à peu, les planètes ont pris leurs dimensions actuelles en “balayant” ainsi presque toutes les poussières qui se trouvaient sur leur passage.

Aujourd’hui, elles sont devenues très différentes les unes des autres. Elles ont évolué selon leur distance au Soleil. Les plus proches sont brûlées par sa fournaise, tandis que les plus éloignées sont glacées. Certaines ont perdu leur atmosphère. Leur sol, exposé directement au vide de l’espace, est désertique. D’autres apparaissent enveloppées d’une épaisse atmosphère irrespirable.

La Terre, elle, s’est trouvée juste à la bonne distance du Soleil. Elle ne connaît pas ces inconvénients. Sans cela, nous ne serions pas là !

La plus belle étoile du ciel

La nuit s'achève. Le bleu du ciel pâlit. Les unes après les autres, les étoiles s'éteignent.

Un frémissement se fait entendre autour du temple. Le ciel se teinte de rouge et d'or. La foule, émue, observe le spectacle. Soudain, la lumière jaillit. Le Soleil vient d'apparaître et son globe s'élève au-dessus de l'horizon, lentement. Le temple s'ouvre et le grand prêtre, entouré par un chœur de jeunes filles, entonne l'hymne solennel que des milliers de voix répètent de montagne en montagne.

Le dieu Soleil

Ainsi débutait autrefois la fête du Soleil chez les Incas, un peuple ancien de l'Amérique du Sud. Chaque année, le jour du printemps, le lever du Soleil, dieu du jour, roi de la lumière, était salué par la foule.

Tous les peuples anciens ont, en fait, adoré le Soleil à leur manière. Ils avaient compris que sa lumière et sa chaleur entretiennent la vie sur la Terre. Il fait pousser les plantes, épanouir les fleurs et mûrir les fruits. Sans lui, notre planète ne serait qu'un astre mort, continuellement plongé dans la nuit.

Imaginons que l'énergie qu'il nous envoie diminue simplement de moitié : les températures à la surface de la Terre descendraient très au-dessous de 0 °C et les eaux de tous les océans gèleraient. Au contraire, si cette énergie était multipliée par deux, les mers se mettraient à bouillir et notre planète deviendrait une fournaise.

Une étoile banale mais très proche

Le Soleil n'est pourtant qu'une étoile très ordinaire. Ni son volume, ni son éclat ne sont exceptionnels. Si le Soleil se trouvait aussi loin que les autres étoiles, rien ne permettrait de le distinguer de ses semblables.

Mais justement, cette étoile est la plus proche de la Terre : 150 millions de km seulement nous en séparent. Pour rencontrer ensuite l'étoile la plus voisine – celle que l'on appelle précisément *Proxima,* "la plus proche" –, il nous faut franchir 280 000 fois cette distance.

Vous savez peut-être que la lumière parcourt dans l'espace à peu près 300 000 km par seconde. Elle ne met donc que 8 minutes pour nous arriver du Soleil. Eh bien, il lui faut 4 ans et 3 mois pour nous parvenir de *Proxima !*

Encore ne s'agit-il là que de l'étoile la plus proche du système solaire. La lumière des autres étoiles visibles à l'œil nu a souvent voyagé pendant des centaines ou des milliers d'années avant de nous atteindre.

Le Soleil est donc pour nous la plus belle étoile du ciel. Parce qu'il est proche, il ne nous apparaît pas comme un simple point lumineux qui scintille dans la nuit, mais comme une boule suffisamment grosse pour nous éclairer et nous chauffer.

Et puis, les astronomes lui trouvent un intérêt exceptionnel : n'est-ce pas la seule étoile qu'ils peuvent vraiment observer en détail ?

Le Soleil tel qu'on le voit

Comme toutes les étoiles, le Soleil est une boule de gaz très chauds. Il n'a donc pas de surface précise. Pourtant, quand on le regarde, il semble limité par un bord bien net. En fait, la lumière que notre œil perçoit provient d'une couche très mince : 300 km, alors que le rayon du Soleil mesure 695 000 km. Cette pellicule, nous l'appelons habituellement la surface du Soleil. Les astronomes, eux, disent la *photosphère.*

Parfois, dans le ciel, la Lune passe devant le Soleil, provoquant une éclipse de Soleil. Quand l'éclipse est totale, le disque solaire disparaît entièrement pendant quelques instants derrière la Lune. On distingue alors autour de lui une étroite frange rosée : la *chromosphère.* Et, plus loin, brille une auréole jaune ou verdâtre, d'où jaillissent de longs filaments : la *couronne.*

Chromosphère et couronne constituent l'atmosphère du Soleil. En général, nous ne les voyons pas car elles sont beaucoup moins lumineuses que la photosphère. La couronne n'a pas de limite précise ; elle se prolonge dans l'espace interplanétaire sous la forme d'un flux continu de particules électrisées, le *vent solaire.*

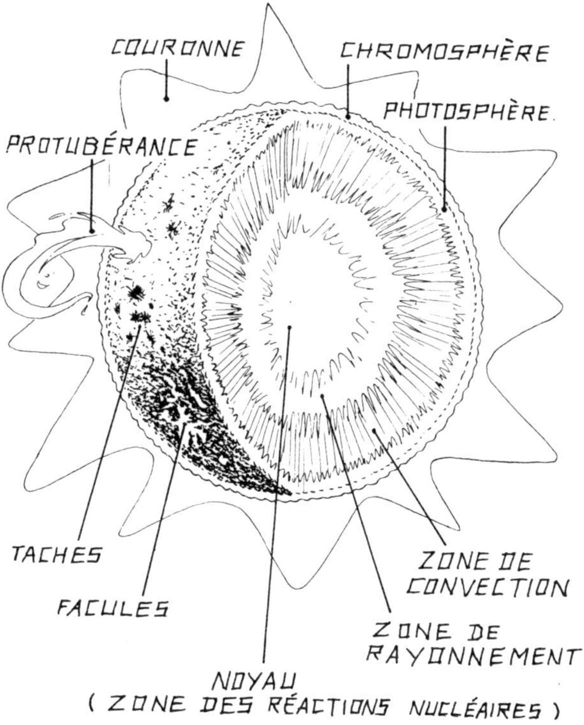

DES ÉCLIPSES ARTIFICIELLES

En un point donné de la Terre, il est très rare de pouvoir observer une éclipse totale de Soleil. À Paris, par exemple, il ne s'en est pas produit depuis l'an 1724 et la prochaine n'aura lieu qu'en 2026. Mais grâce au coronographe, un instrument inventé en 1930 par le Français Bernard Lyot, les astronomes peuvent réaliser des éclipses artificielles. Ils étudient ainsi les couches externes du Soleil, sans attendre que la Lune vienne cacher sa surface.

Quand le Soleil se couvre de taches

La surface et l'atmosphère solaires connaissent diverses perturbations, qui durent plus ou moins longtemps, et constituent l'*activité* du Soleil.

Ainsi, la photosphère est fréquemment parsemée de taches sombres. Elles peuvent apparaître en groupes et s'étendre sur plus de 100 000 km de long ! Et si l'on observe le Soleil plusieurs jours de suite, on constate que ces taches se déplacent. Grâce à ce mouvement, nous savons aujourd'hui que le Soleil tourne sur lui-même : en 25 jours à l'équateur, mais en 34 jours aux pôles.

Les taches solaires nous paraissent sombres. Mais n'imaginez pas que ce sont d'énormes trous creusés dans le Soleil. En réalité, elles sont plus brillantes que le filament d'une ampoule électrique allumée. Elles paraissent moins lumineuses parce qu'elles sont moins chaudes : leur température est inférieure de 1 500 à 2 000 °C à celle de la photosphère. Elle atteint tout de même 4 000 à 4 500 °C : on ne peut pas vraiment dire qu'il s'agit de régions froides !

Les taches ne sont pas les seules manifestations de l'activité du Soleil. Quand l'une d'entre elles approche du bord du disque solaire, on voit briller à son pourtour des crêtes brillantes : les *facules.* Plus spectaculaires encore, les *protubérances*

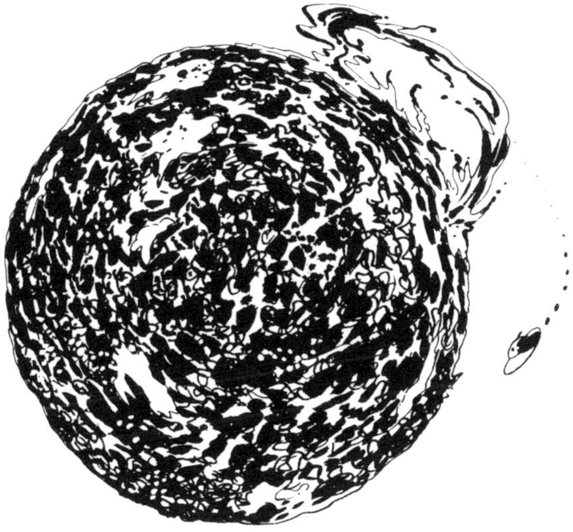

sont d'immenses jets de matière que l'on voit s'arracher du bord du Soleil, s'élever dans la chromosphère, gagner la couronne et s'évanouir dans l'espace. À moins qu'elles ne retombent en dessinant d'immenses arches, qui disparaissent plus ou moins rapidement.

Parfois aussi, le Soleil libère très brutalement d'énormes quantités d'énergie. Au cours de ces éruptions solaires, jaillissent d'énormes bouffées de rayonnements divers (rayons X, ultraviolets, etc.). En même temps, des particules électrisées partent dans l'espace à des vitesses considérables. Elles sont à l'origine des aurores polaires lorsqu'elles atteignent la Terre.

Un gigantesque réacteur nucléaire

Les phénomènes qui bouleversent la surface et l'atmosphère du Soleil apparaissent déjà très violents. Mais ils ne sont qu'un pâle reflet des fantastiques transformations qui se produisent dans les profondeurs de l'astre.

On pensait autrefois que le Soleil brûlait comme un énorme morceau de charbon. Si c'était le cas, il aurait été réduit en cendres en quelques dizaines de milliers d'années. Or, il est beaucoup plus vieux. La Terre, en effet, a 4 milliards et 600 millions d'années, et elle ne peut avoir existé avant le Soleil.

Le secret a été percé en 1938 : le Soleil est en fait un gigantesque réacteur nucléaire. En son centre, la température atteint 15 millions de degrés et la pression est environ 100 millions de fois plus forte que celle de l'air sur la Terre.

Dans ces conditions, les atomes perdent leurs électrons et sont réduits à leurs noyaux. Les noyaux d'hydrogène – qui sont de très loin les plus nombreux – s'agglomèrent pour former des

OBSERVATION DES TACHES SOLAIRES PAR PROJECTION DE L'IMAGE DU SOLEIL SUR UNE FEUILLE DE CARTON
LUNETTE ASTRONOMIQUE
ÉCRAN

noyaux d'hélium. Il faut quatre noyaux d'hydrogène pour produire un noyau d'hélium. À chaque fusion, un peu de masse est perdue... et un peu d'énergie est libérée. Comme il se produit à chaque instant un nombre considérable de fusions, l'énergie totale libérée est fantastique. C'est comme cela que le Soleil brille et chauffe.

Quand le Soleil s'éteindra...

En fait, notre étoile n'est pas encore près de s'éteindre. D'après les astronomes, le Soleil ne commencera à changer que dans 5 milliards d'années environ. À ce moment-là, ses réserves d'hydrogène s'épuiseront et de nouvelles réactions nucléaires se produiront. Pendant un temps, il deviendra beaucoup plus lumineux ; son diamètre sera multiplié par 100 et sa couleur virera au rouge : il se transformera en une étoile "géante rouge".

Vu de la Terre, le Soleil occupera alors la plus grande partie du ciel. Notre planète deviendra une véritable fournaise et la température dépassera 2 000 °C. Toute forme de vie y sera détruite.

Ensuite, le Soleil rapetissera jusqu'à prendre à peu près la dimension de la Terre. Mais il pèsera toujours aussi lourd. Il sera alors extrêmement dense : l'équivalent d'une cuillerée à café de sa matière pèsera plusieurs tonnes. À ce stade, il sera devenu une "naine blanche". Mais le Soleil, progressivement, brillera de moins en moins. Finalement, il s'éteindra en formant une "naine noire", une sorte de fossile cosmique invisible.

LE SOLEIL EN QUELQUES CHIFFRES

Distance moyenne à la Terre : 149 600 000 km.

Diamètre : 1 391 000 km (109 fois celui de la Terre).

Masse : 2 milliards de milliards de tonnes (environ 333 000 fois celle de la Terre).

Pesanteur : 28 fois plus forte que sur la Terre (1 kg sur la Terre pèse 28 kg sur le Soleil).

Température : de 6 000 °C (en surface) à 15 000 000 °C (au centre).

VIE ET MORT D'UNE ÉTOILE

GÉANTE
ROUGE
NOTRE SOLEIL
DANS 5 MILLIARDS
D'ANNÉES ...
NAINE
BLANCHE

La Terre et ses sœurs

Mercredi 12 avril 1961. Pour la première fois, un homme navigue dans l'espace. À travers le hublot de son vaisseau *Vostok I,* Youri Gagarine découvre la Terre comme personne avant lui ne l'a jamais vue.

Pas de doute : elle est bien ronde ! Gagarine voit distinctement la courbure de sa surface. Un magnifique spectacle défile à grande vitesse sous ses yeux : les villes, les montagnes, les forêts, les mers, les côtes... cachées ici et là par des bancs de nuages.

“Comme c'est beau !”, s'écrie-t-il.

La planète bleue

La troisième planète à partir du Soleil : voilà ce qu'admire Gagarine. Une boule d'un peu plus de 12 700 km de diamètre, lancée à 108 000 km/h autour du Soleil dans une ronde sans fin qui se renouvelle tous les 365 jours. Une boule qui tourne

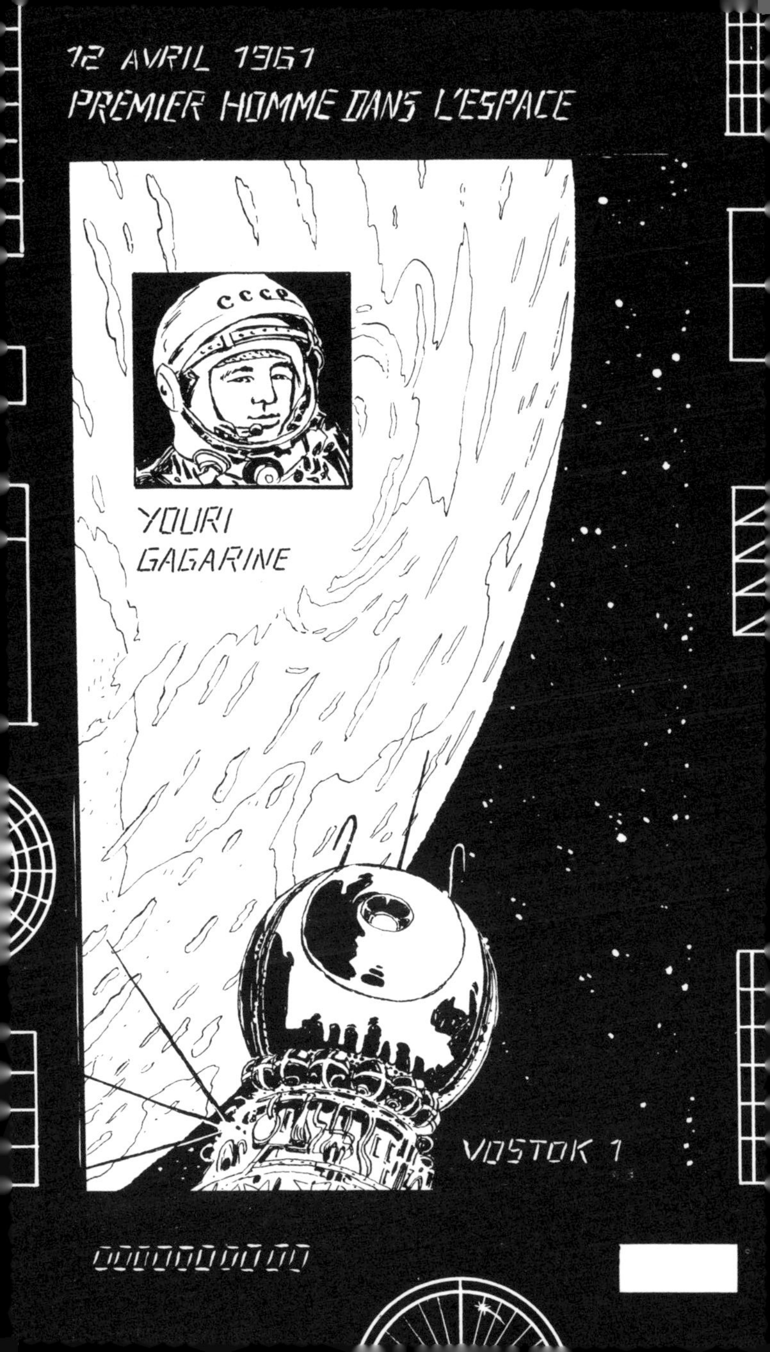
12 AVRIL 1961
PREMIER HOMME DANS L'ESPACE
CCCP
YOURI
GAGARINE
VOSTOK 1

LA TERRE ♁

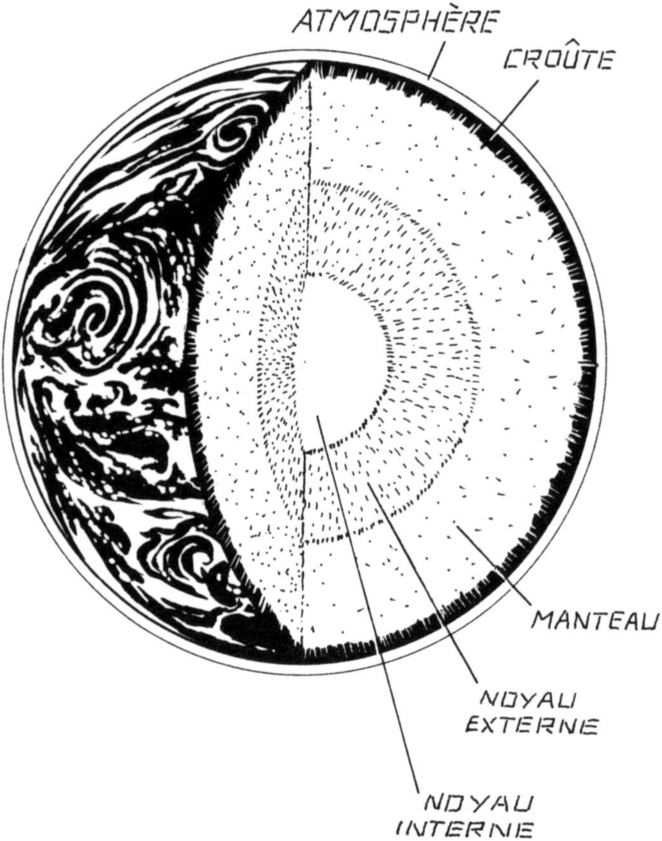
ATMOSPHÈRE
CROÛTE
MANTEAU
NOYAU EXTERNE
NOYAU INTERNE

TERRE
LUNE

aussi sur elle-même en 23 heures 56 minutes, imposant à ses habitants le rythme du jour et de la nuit.

Dans l'immensité de l'espace, comme elle paraît fragile cette petite planète ! Une mince enveloppe de gaz, dessinant autour d'elle une superbe auréole bleue, la protège. Cette enveloppe, c'est l'atmosphère. Elle se compose d'air, un mélange de gaz où dominent l'azote (78 %) et l'oxygène (21 %) et qui entretient la vie. Des nuages de gouttelettes d'eau et de glace y circulent. Il est difficile de dire où s'achève exactement l'atmosphère. Mais on sait que 50 % de sa masse se concentrent dans les cinq premiers kilomètres au-dessus du sol terrestre, et 99 % à moins de 30 km d'altitude.

À la surface de la Terre, l'eau domine largement : les océans occupent 71 % de la superficie du globe, contre 29 % seulement pour les continents.

Nous sommes installés sur une croûte solide dont l'épaisseur ne dépasse pas 5 à 10 km sous les océans et 30 à 40 km sous les continents. C'est très peu par rapport au rayon de la Terre : près de 6 400 km ! Toutes proportions gardées, cette écorce est bien plus mince que la peau d'une orange. Pas étonnant qu'elle soit si fragile, qu'elle se casse quand la terre tremble ou se crève pour laisser les volcans cracher des flots de lave !

Sous cette croûte, jusqu'à 2 900 km de profondeur, s'étend un manteau de roches visqueuses.

Et plus on s'enfonce, plus la chaleur augmente. Enfin, au centre de la Terre, se trouve sans doute un gros noyau de fer et de nickel en fusion, à une température d'environ 5 000 °C.

Un monde qui change

À l'échelle de notre vie, la Terre paraît toujours rester la même. Pour nous, seuls les tremblements de terre ou les éruptions volcaniques modifient un tout petit peu son visage.

Pourtant, notre planète a beaucoup changé depuis sa naissance. Des montagnes ont surgi, ont été complètement détruites puis remplacées par d'autres. Les continents ont glissé les uns par rapport aux autres et ils bougent toujours. Le climat,

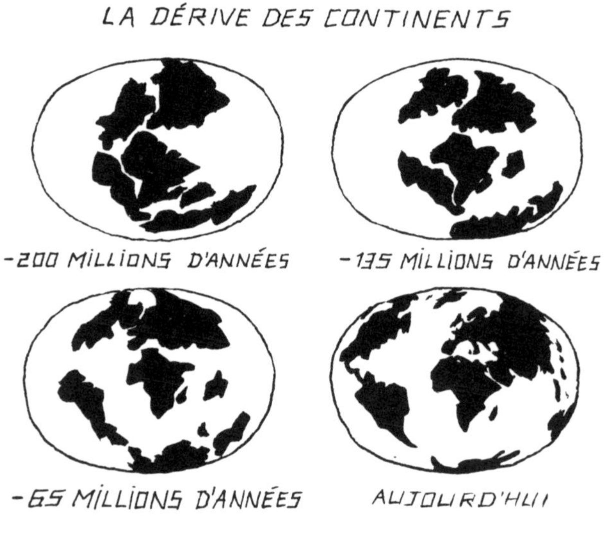

lui aussi, a évolué : des régions aujourd'hui très chaudes, comme le Sahara, étaient recouvertes de glace il y a des dizaines de millions d'années.

D'autres terres dans le ciel

Dans la famille du Soleil, plusieurs planètes présentent certaines ressemblances avec la Terre : on les appelle les planètes *telluriques.* Deux sont plus proches du Soleil que la Terre : Mercure et Vénus. Une en est plus éloignée : Mars.

Ces planètes possèdent plusieurs points communs. Elles sont plutôt petites mais relativement lourdes compte tenu de leurs dimensions. Elles ont beaucoup changé depuis leur naissance. Et puis, comme la Terre, sous une croûte superficielle solide, elles cachent un manteau visqueux et un noyau constitué de métaux fondus.

Chacune offre pourtant un visage différent.

La plus proche du Soleil, Mercure, est aussi la plus petite planète du système solaire après Pluton. Son diamètre ? 4 880 km. En 1974, la sonde *Mariner 10* a pu photographier sa surface : elle ressemble beaucoup à celle de la Lune. Rugueuse et désertique, elle apparaît criblée de cratères. Ils ont sans doute été creusés par d'énormes rochers venus de l'espace et qui se sont écrasés au sol à grande vitesse. Le plus grand cratère ne mesure pas moins de 1 350 km de diamètre : on l'a nommé "Bassin de la chaleur".

**Sur Mercure,
le jour est plus long que l'année !**

Des mesures assez récentes ont révélé que Mercure tourne sur lui-même en 58,6 jours terrestres. Et si nous habitions sur cette planète, nous verrions le Soleil faire le tour du ciel (ce qui correspond sur la Terre à une journée de 24 heures) lorsque Mercure a tourné trois fois sur lui-même. Faites le calcul : le jour mercurien dure environ 176 jours terrestres !

Or, la planète tourne autour du Soleil en moins de trois mois. Résultat : l'année y est presque deux fois plus courte que le jour. Avouez que nous aurions du mal à mettre nos montres à l'heure et à trouver un rythme de vie acceptable.

Autre originalité, l'orbite de Mercure est très elliptique. Sa distance au Soleil varie entre 46 et 70 millions de km. En un mois et demi, la quantité d'énergie qu'elle reçoit varie ainsi du simple au double.

Et l'atmosphère ? Eh bien, Mercure n'en a pratiquement pas. Sa surface connaît donc des écarts considérables de température entre le jour et la nuit. À l'équateur, en plein jour, on enregistre + 400 °C (de quoi fondre des métaux comme le plomb et l'étain). Mais la nuit, le thermomètre descend jusqu'à – 170 °C. Aucune autre planète ne connaît des différences de température aussi importantes.

MERCURE ☿

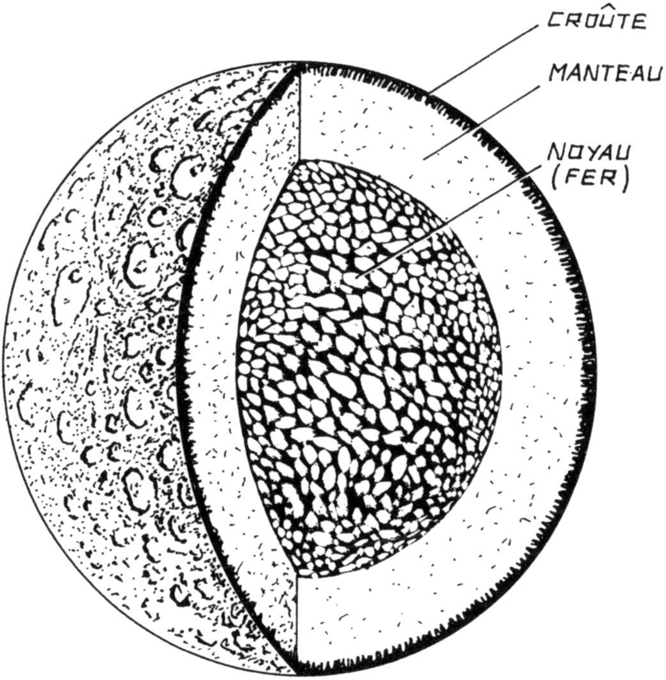

SONDE :

MARINER

Vénus, la fausse jumelle de la Terre

Entre Mercure et la Terre tourne une autre sœur de notre planète, Vénus. Quand elle brille dans le ciel, vous la reconnaîtrez facilement : c'est l'astre le plus lumineux (la Lune mise à part), le premier qui s'allume le soir, à l'ouest, ou le dernier qui s'éteint le matin, à l'est.

Vénus et la Terre ont presque la même taille et la même masse. Leur distance au Soleil n'est pas très différente : 108 millions de km pour la première, 150 millions pour la seconde. En outre, Vénus apparaît aussi enveloppée d'un épais manteau de nuages. Alors, sont-elles jumelles, ces planètes ?

Loin de là ! Grâce aux sondes spatiales qui ont survolé Vénus, ou se sont posées à sa surface, nous savons depuis quelques années que c'est un véritable enfer. Son atmosphère est chargée de gaz carbonique, un gaz irrespirable. Quant aux nuages, ils sont formés de gouttelettes d'acide sulfurique, un acide très dangereux.

Au sol, les choses ne s'arrangent pas. Il y règne une température accablante, qui dépasse 460 °C, et une pression comparable à celle que nous rencontrons dans nos océans à 1 000 m de profondeur.

Autre particularité, Vénus tourne très lentement sur elle-même. Il ne lui faut pas moins de

VÉNUS ♀

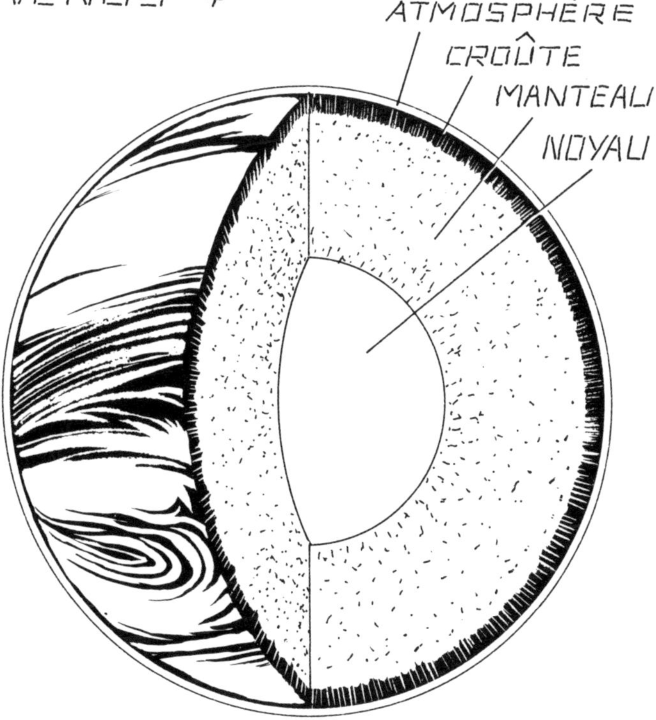
ATMOSPHÈRE
CROÛTE
MANTEAU
NOYAU

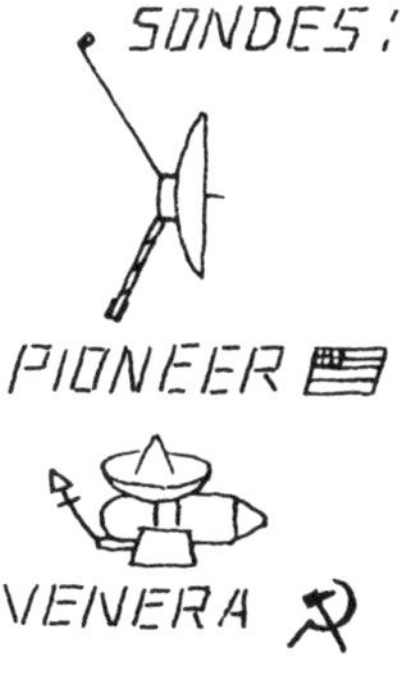
SONDES :
PIONEER
VENERA

TERRE
VÉNUS

243 jours (8 mois !) pour accomplir un tour. Et cette rotation s'effectue en sens inverse de celle des autres planètes : si nous vivions sur Vénus, nous verrions le Soleil se lever à l'ouest et se coucher à l'est ! En revanche, les nuages tournent 60 fois plus vite. Ils font le tour de la planète en 4 jours seulement. Et à l'équateur, dans la haute atmosphère, soufflent des vents à plus de 300 km/h.

Un désert de pierres brûlantes

Pioneer Venus 1, vous connaissez ? Grâce à ce satellite américain, on a pu, depuis 1978, dresser une carte presque complète de la surface de Vénus. Ainsi sont apparues une grande plaine parsemée de cratères peu profonds, deux immenses régions montagneuses, aussi vastes que des continents, dont le plus haut sommet atteint 11 800 m, une immense vallée, longue de plus de

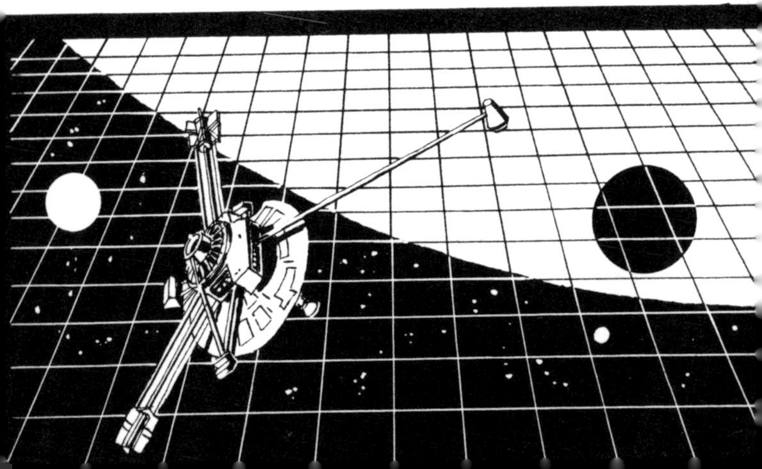

2 000 km, etc. Des volcans, peut-être en activité, ont également été repérés.

Des sondes soviétiques *Venera* ont pris quelques photographies du sol vénusien. Toutes montrent un désert de pierres brûlantes. Malgré l'épaisse atmosphère, les rayons du Soleil parviennent jusqu'à la surface. Mais elle retient certaines couleurs et le ciel paraît orangé.

L'intérieur de Vénus ressemble sans doute à celui de la Terre. Cependant, si la croûte terrestre est très mince et morcelée en une série de plaques, celle de Vénus, plus épaisse, semble formée d'un seul bloc.

Mars, la planète rouge

Quittons Vénus et Mercure, deux mondes très inhospitaliers, et sautons sur Mars, la troisième sœur de la Terre. Allons-nous enfin y découvrir un milieu accueillant ?

Mars fait le tour du Soleil en 687 jours, à une distance moyenne de 228 millions de km. Bien que deux fois plus petite que notre planète, elle est enveloppée d'une mince atmosphère où se forment des nuages. En outre, Mars connaît des saisons et la durée du jour y est presque la même que sur notre bonne vieille Terre.

En revanche, les températures y sont plus basses. Mais elles n'interdiraient pas la vie : à l'équateur, en été, elles varient de + 20 °C pendant le jour à – 70 °C environ pendant la nuit.

Il n'y a pas si longtemps, on parlait de l'existence éventuelle de Martiens. Nous savons aujourd'hui qu'il n'y en a pas. En revanche, le sol de Mars abritait peut-être une vie microscopique, des microbes par exemple. Deux engins américains *Viking,* véritables robots de l'espace, ont analysé des échantillons du sol martien en 1976... mais n'ont trouvé aucune trace de vie. Rien !

En direct de Mars

C'est un peu décevant, d'accord, mais la planète rouge nous réserve malgré tout de belles sur-

MARS ♂

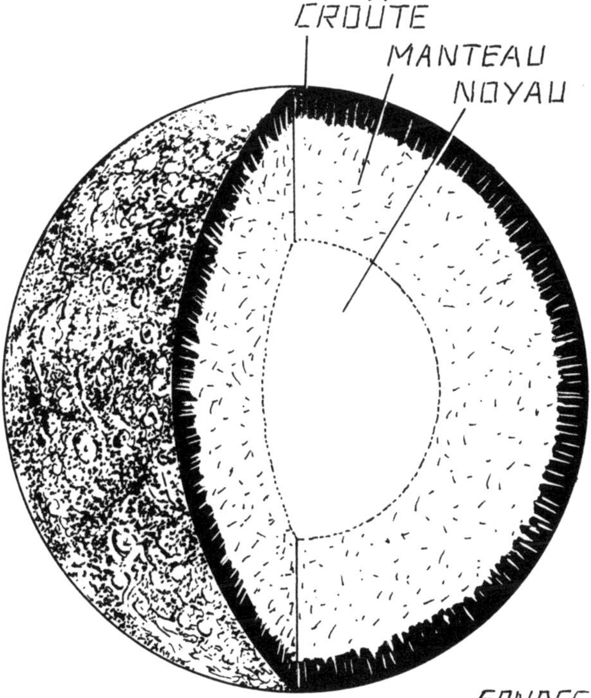

SONDES :

MARINER

MARS

VIKING

TERRE MARS

prises. Grâce aux *Viking* et à un autre satellite, *Mariner 9,* nous avons pu découvrir ses paysages.

Le sol présente une couleur rouge-orangé très caractéristique. Celle-ci tient à la présence d'une grande quantité d'oxyde de fer : le sol est en quelque sorte rouillé !

Quant aux images de la surface, elles montrent un paysage rocailleux et désertique. Des nuages de poussière, soulevés du sol par des vents qui soufflent parfois en tempête, donnent au ciel une teinte rosâtre.

Nous savons aussi que Mars abrite des volcans gigantesques, éteints, semble-t-il. Le plus grand, le mont "Olympe", a un diamètre de 600 km à la base et une hauteur de 26 km. Il s'agit de la plus haute montagne connue du système solaire.

Ajoutons à ce géant un autre accident fantastique : une immense fracture, profonde par endroits de 6 km, large de 120 km, court sur plus de 2 500 km.

Il existe également des cratères dus à des impacts de météorites, des champs de dunes et des vallées sinueuses. Celles-ci sont à sec, mais elles prouvent que des torrents d'eau ruisselèrent sur Mars il y a des millions d'années. À présent, il n'y a plus d'eau liquide sur la planète, mais son sous-sol renferme sans doute beaucoup de glace. D'ailleurs, les régions voisines des pôles sont recouvertes par des calottes de glace qui s'étendent en hiver et fondent en été.

Décidément, de toutes les planètes, Mars est bien la plus proche de la Terre !

Des géantes lointaines

Des nuages d'acide sulfurique autour de Vénus ! D'immenses volcans sur Mars !... L'exploration des planètes voisines nous a réservé bien des surprises. Au-delà, à des centaines de millions de kilomètres de la Terre, tournent des planètes géantes encore plus étonnantes.

D'énormes boules d'hydrogène et d'hélium

Deux de ces géantes, les plus grosses, Jupiter et Saturne, ont déjà été survolées par des sondes spatiales. Face à ces monstres, la Terre fait pâle figure. Plus de 1 300 planètes de sa taille pourraient loger à l'intérieur de Jupiter. La masse de ce monstre représente à elle seule près de 2 fois et demie celle de toutes les autres planètes réunies ! Son diamètre ? Il dépasse 140 000 km à l'équateur : plus de 11 fois celui de la Terre. Saturne est à peine moins volumineux avec un diamètre de 120 000 km. Mais les deux géants tournent si vite

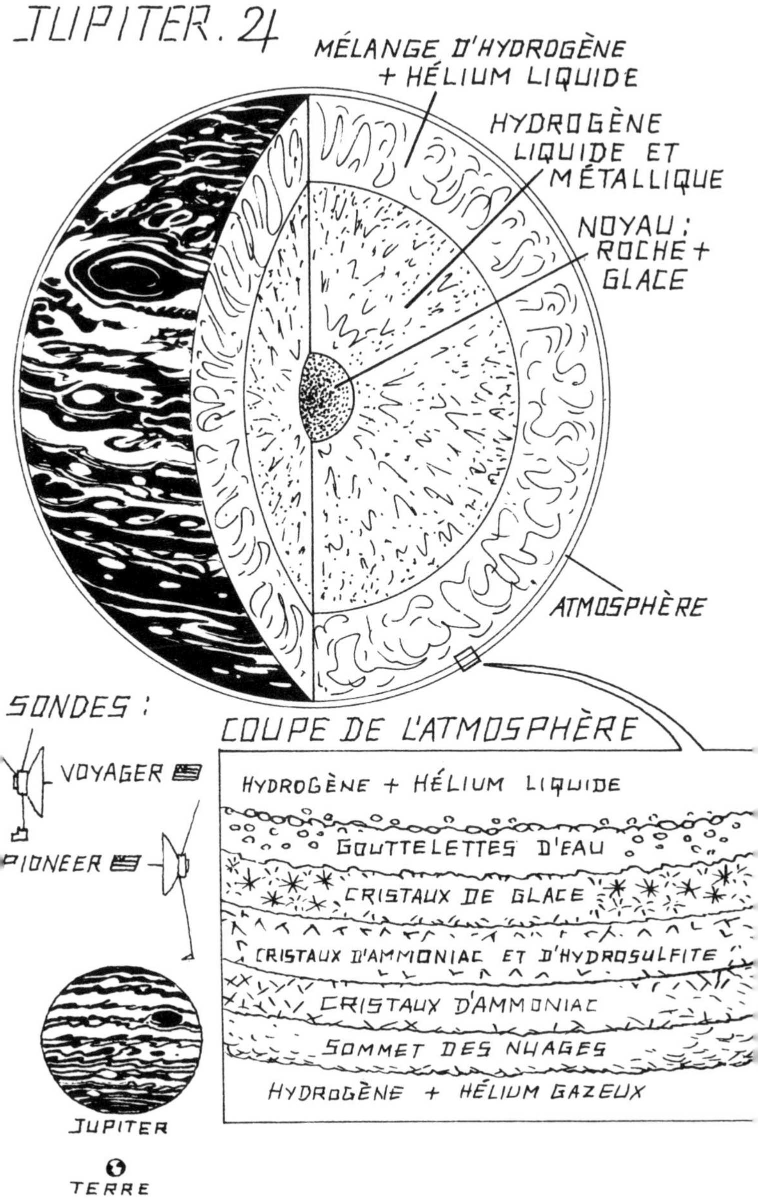
JUPITER. ♃
MÉLANGE D'HYDROGÈNE + HÉLIUM LIQUIDE
HYDROGÈNE LIQUIDE ET MÉTALLIQUE
NOYAU : ROCHE + GLACE
ATMOSPHÈRE
SONDES :
VOYAGER
PIONEER
JUPITER
TERRE
COUPE DE L'ATMOSPHÈRE
HYDROGÈNE + HÉLIUM LIQUIDE
GOUTTELETTES D'EAU
CRISTAUX DE GLACE
CRISTAUX D'AMMONIAC ET D'HYDROSULFITE
CRISTAUX D'AMMONIAC
SOMMET DES NUAGES
HYDROGÈNE + HÉLIUM GAZEUX

sur eux-mêmes (en quelque 10 heures seulement !) qu'ils sont fortement aplatis aux pôles.

Ce que l'on en voit ? D'épaisses bandes nuageuses qui les enveloppent comme des ceintures. Sous les nuages, pas de surface solide. Seulement une énorme boule d'hydrogène et d'hélium : environ 80 % d'hydrogène pour Jupiter et 90 % pour Saturne. L'hydrogène est le plus léger de tous les corps, et l'hélium est à peine plus lourd. Saturne pourrait ainsi flotter sur l'eau, s'il existait un océan suffisamment grand pour le contenir !

Dans les conditions qui règnent sur ces planètes, l'hydrogène et l'hélium ne sont pas gazeux, comme sur la Terre, mais liquides.

L'énigme de la grande tache rouge de Jupiter

Depuis plus de 300 ans, les astronomes qui étudient Jupiter ont essayé de comprendre l'origine d'une tache ovale, rougeâtre, aux dimensions impressionnantes : 40 000 km de long pour 13 000 de large ! Certains parlaient d'une île flottante, d'autres de gaz stagnants, d'autres encore du sommet d'un énorme volcan.

Aujourd'hui, grâce aux sondes spatiales qui ont survolé Jupiter, nous avons la réponse. Cette mystérieuse tache rouge est, en réalité, un fantastique ouragan qui émerge au-dessus des nuages environnants. Des masses nuageuses sont sans cesse aspirées et précipitées dans ce tourbillon.

SATURNE ♄

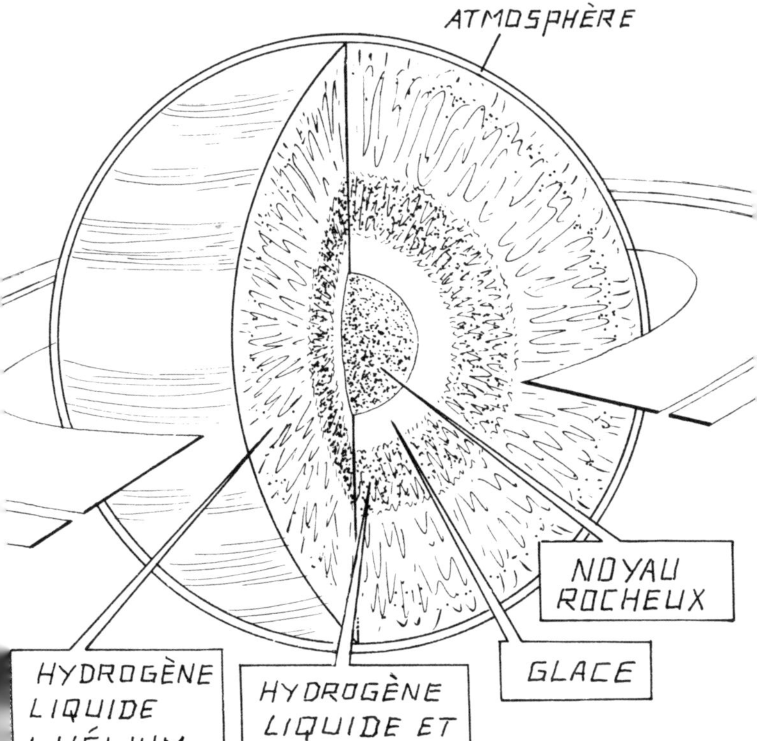
ATMOSPHÈRE
NOYAU ROCHEUX
GLACE
HYDROGÈNE LIQUIDE + HÉLIUM
HYDROGÈNE LIQUIDE ET MÉTALLIQUE

SONDES :
PIONEER
VOYAGER

TERRE
SATURNE

Autour de Saturne, un immense disque de glace

Depuis l'invention de la lunette, les astronomes se passionnent aussi pour l'étude de Saturne. Car cette planète présente une grande originalité : elle est entourée d'anneaux. Un petit télescope d'amateur suffit pour contempler ce merveilleux spectacle.

Vus de la Terre, à un milliard de kilomètres de distance, ces anneaux semblent former un disque rigide. En fait, ils se composent d'une infinité de particules, tournant autour de Saturne comme autant de satellites.

Au télescope, on distingue tout au plus une demi-douzaine d'anneaux. Mais en 1980 et 1981, surprise ! Deux sondes *Voyager* survolent Satur-

ne... et nous apprennent que les anneaux visibles depuis la Terre se divisent en fait en d'innombrables fins annelets concentriques. Au total, les anneaux se comptent donc par milliers. Ils forment, autour de Saturne, comme un immense disque.

Sa taille ? Près de 300 000 km de diamètre. Mais il a une épaisseur infime : par endroits, les anneaux atteignent 400 m d'épaisseur, mais il s'agit d'un grand maximum. En général, ils sont beaucoup plus minces : peut-être moins d'une dizaine de mètres. Cela correspond à un disque 33 tours qui aurait 5 000 km de diamètre !

La matière des anneaux ? Une "poussière de glace" dans laquelle baignent de gros blocs de glace, ou de roches recouvertes de glace, mesurant de 1 à 30 m de diamètre.

Uranus, Neptune et Pluton

Jusqu'au XVIIIe siècle, Saturne est restée la dernière planète du système solaire. Depuis, trois autres planètes, plus éloignées, ont été découvertes : Uranus, en 1781 ; Neptune, en 1846 ; et Pluton, en 1930.

Uranus et Neptune, avec un diamètre d'environ 50 000 km, appartiennent à la famille des géantes. Elles se composent sans doute d'un noyau solide enveloppé d'une couche de glace puis d'un manteau d'hydrogène. Ce sont des mondes très froids : la température y descend au-dessous de – 200 °C.

Uranus est unique en son genre. Son axe de rotation sur lui-même, basculé de plus de 90°, se trouve presque couché sur son orbite autour du Soleil. Il en accomplit le tour en 84 ans, lui présentant chacun de ses pôles en alternance. Pendant plus de quarante ans de suite, la moitié de la planète connaît donc un jour continuel, tandis que l'autre reste plongée dans la nuit.

En 1977, a eu lieu une grande découverte : Uranus possède des anneaux, comme Saturne ! Et depuis, un anneau a également été observé autour de Jupiter. Les astronomes se demandent si Neptune est la seule planète géante à ne pas en avoir.

Et Pluton ? On connaît encore très mal cette planète, tant elle est loin de nous : sa distance moyenne au Soleil atteint 5 milliards 900 millions de kilomètres ! Quoi qu'il en soit, ce n'est pas une géante. Il semble même que ce soit la plus petite planète du système solaire. Son diamètre ne dépasserait pas 3 000 km. Peut-être se compose-t-elle de roches et de glaces. Du méthane a été détecté dans son atmosphère et à sa surface.

Depuis 1978, on sait qu'elle est entourée d'un satellite qui paraît presque aussi gros qu'elle. Et les astronomes se demandent si Pluton ne serait pas un ancien satellite de Neptune qui aurait pris son indépendance.

Même dans notre système solaire, de nombreuses questions n'ont pas encore trouvé de réponse !

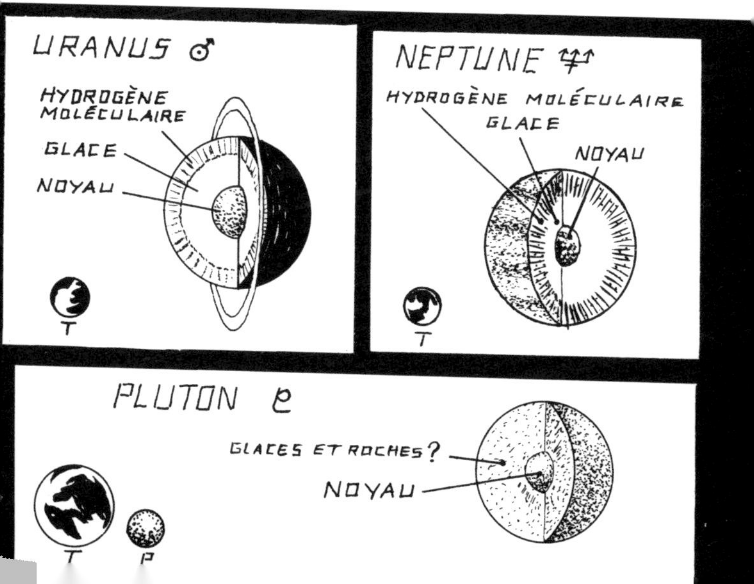

Le cortège des satellites

Lundi 21 juillet 1969 à 3 h 56 (heure française) : l'Américain Neil Armstrong pose délicatement le pied sur le sol de la Lune. "Un petit pas pour un homme, mais un pas de géant pour l'humanité", dit-il.

Pour la première fois dans l'Histoire, en effet, un homme marche sur un astre autre que la Terre. Un très vieux rêve vient de se réaliser.

Unique satellite naturel de la Terre, la Lune est à présent le corps céleste le mieux connu après notre planète. Elle a été plus qu'aucun autre photographiée, mesurée, explorée, sondée... Près de 400 kg de roches et de poussières y ont été ramassés par des astronautes et rapportés sur la Terre pour y être analysés.

Cela n'a rien d'étonnant. La Lune se trouve à moins de 400 000 km de nous : un saut de puce à l'échelle de l'Univers !

MISSION APOLLO 11
LUNDI 21 JUILLET 1969
3 H 56 PREMIER HOMME
SUR LA LUNE
NEIL
ARMSTRONG

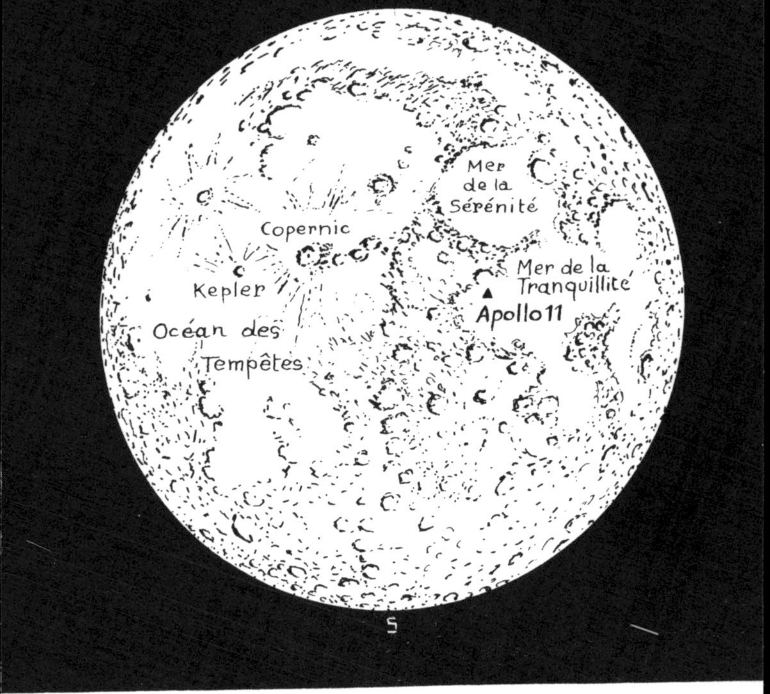

CARTE D'IDENTITÉ DE LA LUNE

Diamètre moyen : 3 476 km.

Masse : 73 400 milliards de milliards de tonnes (0,012 fois celle de la Terre).

Volume : 22 milliards de km³ (0,02 fois celui de la Terre).

Pesanteur : 6 fois plus faible que sur la Terre (1 kg sur la Terre pèse 166 g sur la Lune).

Température à la surface : + 120 °C (jour) à – 180 °C (nuit).

Distance moyenne à la Terre : 384 400 km.

Un astre mort

Toute proche, la Lune apparaît pourtant bien différente de la Terre. Comme elle n'a pas d'atmosphère, elle se trouve directement exposée à tout ce qui arrive de l'espace : rayonnements, particules, météorites. Pendant le jour, elle reçoit de plein fouet les rayons du Soleil et sa température peut dépasser 100 °C. La nuit, au contraire, le thermomètre descend brutalement au-dessous de – 150 °C. Le jour et la nuit sont beaucoup plus longs que sur la Terre : ils durent environ deux semaines.

Sans aucune trace de vie, sans eau, la Lune est aujourd'hui un astre mort. Même les "tremblements de Lune" sont très faibles.

Avec des jumelles ou une petite lunette, vous pourrez observer d'innombrables cratères lunaires, de toutes tailles. Ils ont été creusés par des météorites et certains mesurent plus de 200 km de large. Vous apercevrez aussi des montagnes (les plus hautes s'élèvent à 8 200 m !) et de grandes plaines sombres. Les astronomes du XVIIe siècle les croyaient remplies d'eau et les ont appelées "mers". Elles donnent à la Lune, vue à l'œil nu depuis la Terre, l'aspect d'un visage humain.

D'où vient la Lune ?

Nous savons que la Lune n'a pratiquement pas changé depuis 3 milliards d'années. Mais comment est-elle devenue le satellite de la Terre ? Trois scénarios peuvent l'expliquer :

– La Lune est la fille de la Terre : elle se serait détachée de notre planète peu après sa formation, en y laissant une grande cicatrice : l'océan Pacifique.

– La Lune est la sœur de la Terre : elles se sont formées en même temps, à proximité l'une de l'autre.

– La Lune est la cousine de la Terre : planète indépendante, elle a été "capturée" par son attraction en passant près de la Terre.

Nous savons maintenant que les roches lunaires n'ont pas exactement la même composition que les roches terrestres. Le premier scénario peut donc être abandonné. Les deux autres restent possibles.

Des lunes à foison

La Terre ne possède qu'un satellite naturel. De grosses planètes, comme Jupiter et Saturne, sont entourées, elles, d'une véritable famille de lunes. Actuellement, on compte 16 satellites autour de Jupiter et plus de 20 autour de Saturne. Il en existe probablement d'autres, trop petits pour être repérés depuis la Terre. On a découvert aussi 5 satellites autour d'Uranus, 2 autour de Neptune, 2 autour de Mars et 1 autour de Pluton. En revanche, nous n'en connaissons pas encore autour de Mercure et de Vénus.

Les deux satellites de Mars, Phobos et Deimos, ne sont que des rochers irréguliers, à la surface criblée de cratères creusés par des météorites. Le plus grand, Phobos, n'a que 27 km de long. Deimos est deux fois plus petit.

Autour de Jupiter, des satellites gros comme des planètes

Quatre des lunes de Jupiter ont, au contraire, des dimensions impressionnantes : ce sont de véritables planètes.

Io, la plus proche de Jupiter, a pratiquement la taille de notre Lune. Mais elle n'a rien d'un astre mort, loin de là ! On dit que sa surface d'un rouge

brillant la fait ressembler à une pizza. C'est en fait un monde de feu. Des volcans en activité éjectent régulièrement des flots de gaz et de laves de soufre.

Europe, qui vient ensuite, est à peine plus petite, mais complètement différente. Sa surface, lisse comme celle d'une boule de billard, est recouverte d'une carapace de glace fracturée.

Avec Ganymède, nous découvrons le plus gros de tous les satellites du système solaire. Son volume dépasse celui de Mercure ! Sous une croûte de glace de 80 ou 100 km d'épaisseur, se tiendrait une couche d'eau entourant un noyau rocheux. Des cratères dus à l'impact de météorites constellent ici et là sa surface. Marcher sur Ganymède serait aussi périlleux que de traverser un glacier.

Callisto, le plus extérieur des gros satellites de Jupiter, est sans doute le corps du système solaire qui a la surface la plus ancienne. Celle-ci est entièrement recouverte de cratères de toutes tailles, les plus jeunes chevauchant les plus vieux. Comme Ganymède, Callisto est un monde de roches et de glace.

Les autres satellites de Jupiter sont tous très petits. Ce sont peut-être des astéroïdes “capturés” par la planète.

Titan : une Terre mise au réfrigérateur

Les sondes *Voyager* nous ont aussi révélé l’aspect des lunes de Saturne. La principale, Titan, a les dimensions de Mercure. L’une des deux sondes américaines s’en est approchée à 6 000 km seulement. Elle n’a malheureusement rien pu voir de sa surface, car celle-ci est enveloppée d’une épaisse atmosphère. Nous avons cependant appris beaucoup de choses sur ce monde étonnant.

Toutes les conditions de la vie semblent notamment y être réunies : Titan fait penser à ce qu’était la Terre il y a plusieurs milliards d’années, mais avec des températures beaucoup plus basses : de l’ordre de – 180 °C.

La famille de Saturne comprend aussi une demi-douzaine de satellites dont les diamètres varient entre 500 et 1 500 km. Ce sont des mondes de glace, à la surface criblée de très nombreux cratères creusés par des météorites. Ces satellites s’appellent Téthys, Rhéa, Dioné, Mimas...

Quant aux satellites d’Uranus, de Neptune et de Pluton, ils sont si lointains que nous en ignorons presque tout. Sans doute s’agit-il aussi de boules de glace.

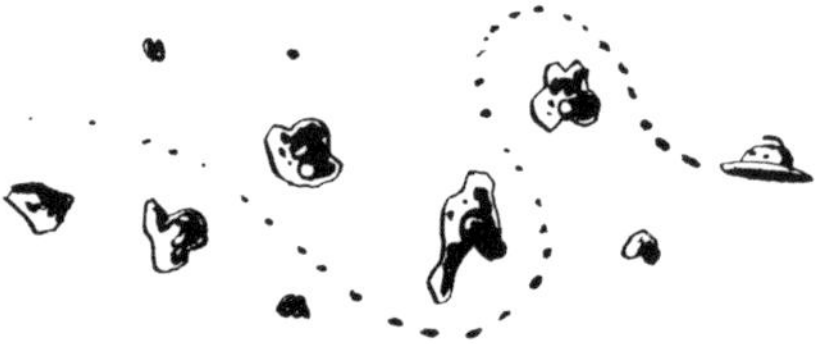

Des milliers de petites planètes

“Une petite planète a failli heurter la Terre ! Catastrophe mondiale évitée à quatre heures près” !

Ce titre sensationnel parut un jour de 1937 à la première page d’un journal. Ce n’était pas une plaisanterie. Un petit astre de quelques centaines de mètres de diamètre venait de frôler la Terre : Hermès, puisque tel est son nom, nous avait croisés à 780 000 km seulement !

En dehors des neuf planètes principales, circulent en effet autour du Soleil une multitude de petites planètes. Nous en connaissons actuellement 2 500 environ, mais on estime qu’il n’y en a pas moins de 400 000 dont les dimensions dépassent 1 km. La plus grosse, Cérès, atteint 1 000 km de diamètre. La plupart se réduisent souvent à des blocs rocheux irréguliers.

1937. HERMES PASSE A 780 000 KM DE LA TERRE.
ormations illustrées
ÉTITE PLANET
FAILLI HEURTE
LA TERRE !...
catastr
mondia
évitée à
heures pr
Terre
Hermès
Soleil
orbite de l'astéroïde
astre de quel-
frôler la Terre
80 000 Km seu-
ment...

De dangereux vagabonds

Dans leur majorité, ces petites planètes circulent sagement entre l'orbite de Mars et celle de Jupiter. Elles ne risquent donc pas de heurter la Terre. Mais quelques-unes suivent des orbites très elliptiques, qui coupent celles des planètes principales : ce sont les astéroïdes qui peuvent représenter un danger pour nous.

Adonis, par exemple, un astéroïde d'environ 300 m de diamètre, s'approche parfois plus près du Soleil que Mercure, ou s'en éloigne deux fois plus que Mars. En 1936, il est passé à 2 millions de km de nous.

Et si un astéroïde tombait sur Lyon, par exemple, les villes de Dijon et de Marseille seraient aussi détruites ! Si la chute se produisait dans l'océan, elle ferait jaillir des vagues immenses, pouvant atteindre 30 m de hauteur, et déclencherait un terrible raz-de-marée.

Dans le passé, la Terre a certainement heurté des astéroïdes. Mais un tel événement est extrêmement rare. Inutile de vous inquiéter !

Chaque jour, la Terre grossit

En revanche, la Terre balaie constamment une multitude de pierres et de poussières microscopiques qui circulent aussi entre les planètes. En arrivant dans l'atmosphère, elles s'enflamment et forment les étoiles filantes.

Les plus grosses, cependant, ne brûlent pas complètement et arrivent jusqu'au sol : on les appelle des météorites. Si vous aimez les records, sachez que la plus grosse météorite connue se trouve à Hoba West, en Afrique du Sud : elle pèse 70 tonnes. Évidemment, en arrivant à grande vitesse, ces blocs rocheux creusent des cratères. Ainsi, dans le désert de l'Arizona, aux États-Unis, le *Meteor Crater* a sans doute été formé par une météorite de 250 000 tonnes tombée il y a 5 000 ans. Il mesure 1 200 m de diamètre et sa profondeur atteint 180 m !

Un tel accident demeure exceptionnel. Mais rien qu'avec les poussières et les petits débris qu'elle balaie dans l'espace, la Terre grossit chaque jour de plusieurs tonnes. Et personne ne s'en aperçoit !

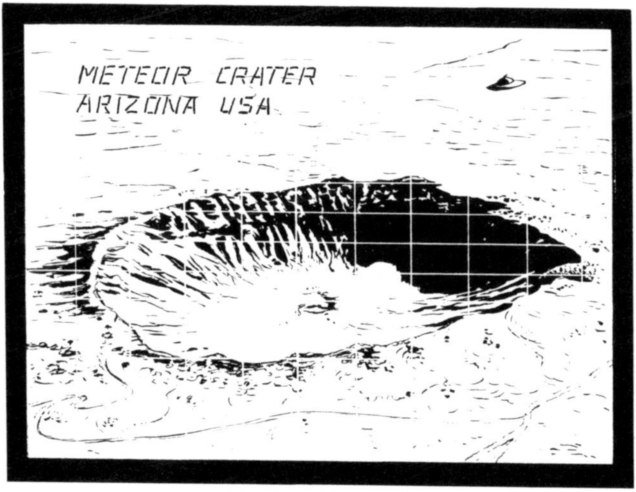

Les comètes, ces grandes voyageuses

Par une belle nuit, au milieu des étoiles, une petite tache lumineuse floue, qui ne figure sur aucune carte céleste, apparaît dans le télescope. Les astronomes se réjouissent. Les nuits suivantes, ils observent avec passion la même région du ciel. Pas de doute ! La tache est toujours là, mais elle n'est pas immobile : elle a bougé par rapport aux étoiles. C'est une comète !

Peu à peu, son éclat augmente. Elle s'épanouit en une large chevelure au milieu de laquelle on perçoit un petit noyau brillant. Et à l'opposé du Soleil, elle développe une queue vaporeuse. Celle-ci devient parfois si longue (plusieurs dizaines de millions de kilomètres) et si lumineuse qu'on peut la voir même à l'œil nu.

Mais au bout de quelques semaines, la comète pâlit, sa queue s'estompe, et elle disparaît.

De mauvais présages

Ces apparitions et ces disparitions mystérieuses ont longtemps inquiété les hommes. Autrefois, on pensait que les comètes étaient des signes envoyés par les dieux. En général, on les considérait comme de mauvais présages, annonçant des catastrophes.

Cependant, après de patientes observations, les astronomes sont tout de même parvenus à percer certains secrets des comètes.

Ces astres tournent autour du Soleil en suivant des orbites immenses. Nées sans doute en même temps que les planètes, les comètes seraient des débris de la matière primitive du système solaire. Elles auraient été chassées très loin du Soleil. Des millions de comètes seraient ainsi rassemblées dans une zone située deux à trois mille fois plus loin de notre étoile que Pluton.

De temps en temps, l'une d'elle voit sa trajectoire modifiée par l'influence des étoiles les plus proches. Alors, soit elle quitte le système solaire, soit elle “tombe” vers le Soleil. C'est dans ce cas que nous la voyons apparaître.

Anatomie d'une comète

Mais qu'est-ce qu'une comète ? Loin du Soleil, ce n'est qu'une boule de quelques kilomètres de diamètre au maximum, formée de roches et de

poussières emprisonnées dans de la glace et des gaz gelés. Elle n'émet pas de lumière et reste invisible. Mais lorsqu'elle arrive à environ 600 millions de km du Soleil, les gaz gelés commencent à s'évaporer, sous l'effet de la chaleur, et ils libèrent les poussières. Plus la comète s'approche du Soleil, plus les molécules de gaz sont repoussées par la lumière de notre étoile et les particules de poussière "soufflées" par le vent solaire. En même temps, les gaz, excités par le rayonnement du Soleil, émettent leur propre lumière. Ainsi se forment la chevelure et la queue.

Rendez-vous avec la comète de Halley

Certaines comètes reviennent régulièrement dans la banlieue du Soleil. La plus célèbre est celle de Halley. Elle porte le nom de l'astronome anglais qui a le premier calculé son orbite, au début du XVIIIe siècle. Elle revient tous les 76 ans environ, et tous ses retours ont été observés depuis le IIIe siècle avant Jésus-Christ.

Actuellement, elle se dirige vers nous. Son prochain passage près du Soleil aura lieu au début de 1986. À cette occasion, quatre sondes seront lancées à sa rencontre pour l'étudier. Ces missions spatiales constitueront de grandes "premières" et nous aideront à mieux connaître les propriétés des comètes.

Quatre messagers vers les étoiles

Tandis que des comètes venues des confins du système solaire s'approchent silencieusement de la Terre, quatre messagers partis de notre planète s'enfoncent dans les profondeurs de l'espace, en direction des étoiles : *Pioneer 10,* lancé en 1972 vers Jupiter ; son jumeau, *Pioneer 11,* parti un an plus tard, et qui a survolé aussi Saturne ; enfin, *Voyager 1* et *Voyager 2,* lancés en 1977, qui se sont approchés de Jupiter, de Saturne et de leurs principaux satellites. *Voyager 2* doit encore survoler Uranus en 1986 et peut-être Neptune en 1989.

Pioneer 10 sortira du système solaire en 1987, ses compagnons quelques années plus tard. Nous aurons sans doute perdu tout contact radio avec eux d'ici là, mais ils poursuivront silencieusement leur route. Si aucun corps céleste ne les heurte et les détruit, ils peuvent naviguer pendant des millions d'années.

Pour le cas où ils tomberaient entre les mains d'extra-terrestres, ces engins ont été munis d'une carte de visite : les *Pioneer* emportent une petite plaque d'aluminium doré sur laquelle ont été gravés des dessins expliquant d'où ils viennent ainsi que la silhouette d'un homme et d'une femme.

Les deux *Voyager*, eux, emportent un disque de cuivre de 30 cm de diamètre qui constitue une véritable encyclopédie de la Terre. Cet enregistrement renferme notamment 115 images de notre planète et 35 "sons de la Terre" (le bruit du vent, le chant des oiseaux, le bruit d'un baiser, les battements d'un cœur, etc.).

Il est probable que nul n'entendra ni ne lira jamais le disque des *Voyager*. Mais sait-on jamais ? Un jour peut-être, à des milliards de kilomètres, une autre civilisation cosmique captera le message et découvrira qu'elle n'est pas seule dans l'Univers... Qu'il y a aussi des habitants, là-bas, très loin, sur la troisième planète tournant autour de l'étoile que nous appelons Soleil !

En route pour les planètes

Le Soleil et les planètes qui gravitent autour de lui vous passionnent ? Alors, poursuivez vos recherches, multipliez vos découvertes. Voici quelques idées.

– Constituez-vous des dossiers sur le Soleil et les planètes avec des articles que vous découperez dans les journaux, par exemple à l'occasion du lancement d'une sonde spatiale.

– Épluchez les programmes de télévision et guettez les émissions consacrées à l'astronomie ou à la conquête de l'espace.

– Si vous habitez la région parisienne ou si vous passez à Paris, ne manquez pas le Palais de la Découverte, avenue Franklin-Roosevelt, à Paris (8e). Visitez les salles d'astronomie. Assistez à une séance du planétarium (tous les jours, sauf lundi, à 11 h, 14 h, 15 h 15 et 16 h 30 ; séances supplémentaires à 12 h 45 le dimanche et à 17 h 45 le samedi et le dimanche).

Il existe aussi un planétarium à l'observatoire de Strasbourg.

– Adhérez à un club d'astronomes amateurs. Il y en a dans toutes les grandes villes et dans la plupart des départements. Pour avoir l'adresse du club le plus proche de chez vous, entrez en rapport avec l'une des deux associations ayant une audience nationale :

- la Société astronomique de France (S.A.F.)
3, rue Beethoven 75016 PARIS, tél. : 224.13.74
- l'Association française d'astronomie (A.F.A.)
115, rue de Charenton 75012 PARIS, tél. : 628.38.61

Par ces deux associations vous pourrez aussi vous procurer une carte du ciel, des diapositives, des brochures, etc.

D'autres livres

L'astronomie est un sujet si riche qu'il existe énormément de livres qui lui sont consacrés. De quoi remplir des bibliothèques et des bibliothèques ! Voici, modestement, quelques titres d'ouvrages faciles à lire. *Albert Ducrocq raconte la Terre* et *Albert Ducrocq raconte les satellites et l'espace* (Nathan) ; *À la découverte du ciel,* par Jean-Pierre Verdet et Catherine de Bergh (Hachette) ; et pour apprendre à reconnaître les planètes dans le ciel, *Guide explo de l'astronomie,* par Philippe de la Cotardière (Hachette).

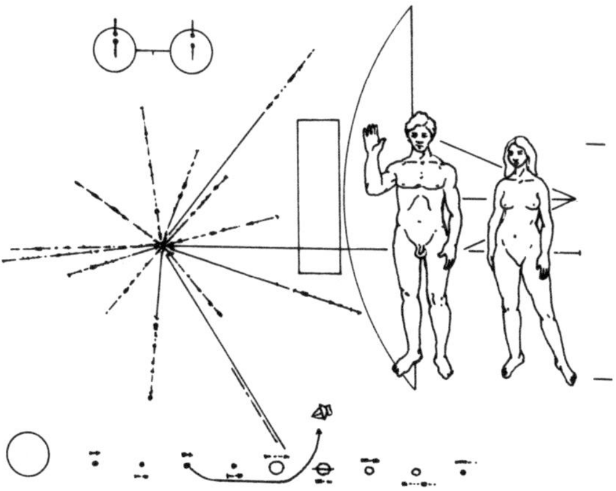

Dans la même collection

701 – AVEC LES HOMMES PRÉHISTORIQUES
Louis-René Nougier
Illustrations de Jean-Jacques Cartry

702 – DANS UN VILLAGE GAULOIS
Philippe Brochard
Illustrations de Pierre Brochard

703 – CHEVALIERS ET CHÂTEAUX FORTS
Philippe Brochard
Illustrations de Pierre Brochard

704 – À LA BASTILLE !
Jean-Marie Le Guévellou
Illustrations de Daniel Hénon

705 – AU TEMPS DES DINOSAURES
Jean-Michel Mazin
Illustrations de Grégoire Soberski

706 – FAISONS LE TOUR DU MONDE
Pierre Avérous
Illustrations de l'auteur

707 – PYRAMIDES ET PHARAONS
Viviane Koenig
Illustrations de Grégoire Soberski et de l'auteur

708 – HISTOIRE D'UN VOLCAN
Valérie Massignon
Illustrations de Jean-Jacques Cartry

709 – JEANNE D'ARC
Marie-Véronique Clin
Sous la direction de Régine Pernoud
Illustrations de Véronique Ageorges

710 – À LA DÉCOUVERTE DU FOND DES MERS
Pierre Avérous
Illustrations de l'auteur

711 – UNE VILLE EN CHANTIER
Georges Ata
Illustrations de l'auteur

712 – À LA CONQUÊTE DE L'ESPACE
Laurent Broomhead et Daniel Sassier
Illustrations de Daniel Hénon

717 – MARIE CURIE
Marie-Pierre Perdrizet
Illustrations de Véronique Ageorges

718 – UN SOLEIL ET NEUF PLANÈTES
Philippe de la Cotardière
Illustrations de Daniel Hénon

719 – MARCO POLO
Jacques Josselin
Illustrations de Véronique Ageorges

720 – BALLONS ET DIRIGEABLES
Pierre Balaskovic et François Moizard
Illustrations de Guy Michel

De nombreux autres
MONDE EN POCHE/NATHAN
sont en préparation

LE DOSSIER EN COULEURS

Vous trouverez dans ces pages
des documents en couleurs.
Vous pouvez les découper, soigneusement,
sans abîmer votre livre.
Vous aurez ainsi des vignettes
qui vous permettront d'illustrer un cahier,
un exposé,
un panneau pour la classe
ou votre chambre...

1

2

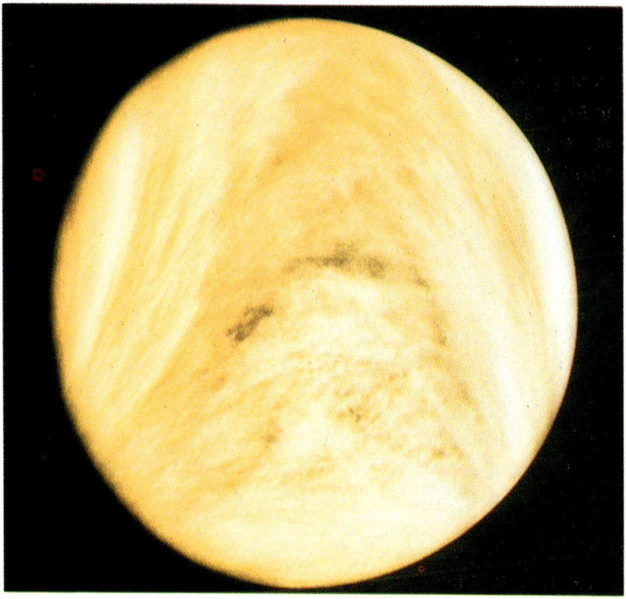

3

4

Si vous découpez ce dossier, commencez par relever les numéros des illustrations... et recopiez sur une feuille ces légendes. Vous saurez ainsi à quoi correspond chaque vignette.

1. Un astronaute américain sur la Lune.
   Entre 1969 et 1972, six missions *Apollo* ont conduit des hommes sur notre satellite naturel.

2. Cette photographie du Soleil a été prise depuis la station *Skylab.*
   Vous découvrez ici une superbe protubérance (voir page 21 du livre).

3. La planète Vénus est entourée par d'épais nuages qui en cachent le sol (voir pages 36 et suivantes du livre).

4. Un extraordinaire disque naviguant
dans le ciel noir de l'espace :
ce sont les anneaux de Saturne
(voir pages 48 et 49 du livre).

5. Observez bien cette photographie de Jupiter,
vous y distinguerez nettement
les deux satellites, Io et Europe
(voir page 57 du livre).

6. La Terre, notre vaisseau spatial,
est la seule planète du système solaire
qui soit aussi un monde de vie
(voir pages 28 et suivantes du livre).

7. La superbe comète de West.
Elle a été photographiée en 1975
(voir pages 64 et suivantes du livre).

8. Des engins se sont posés sur Mars,
la planète rouge.
Grâce à eux, nous en découvrons le sol
comme si nous y étions !
(Voir pages 40 et suivantes du livre.)

5

6

7

8

Références photographiques

Documents fournis par: NASA.

Imprimé en France
Août 1983
par l'Imprimerie AUBIN - 86000 POITIERS
(P 11602)
Dépôt légal, Août 1983
N° d'éditeur X 34191